새가족에서 소그룹 리더까지

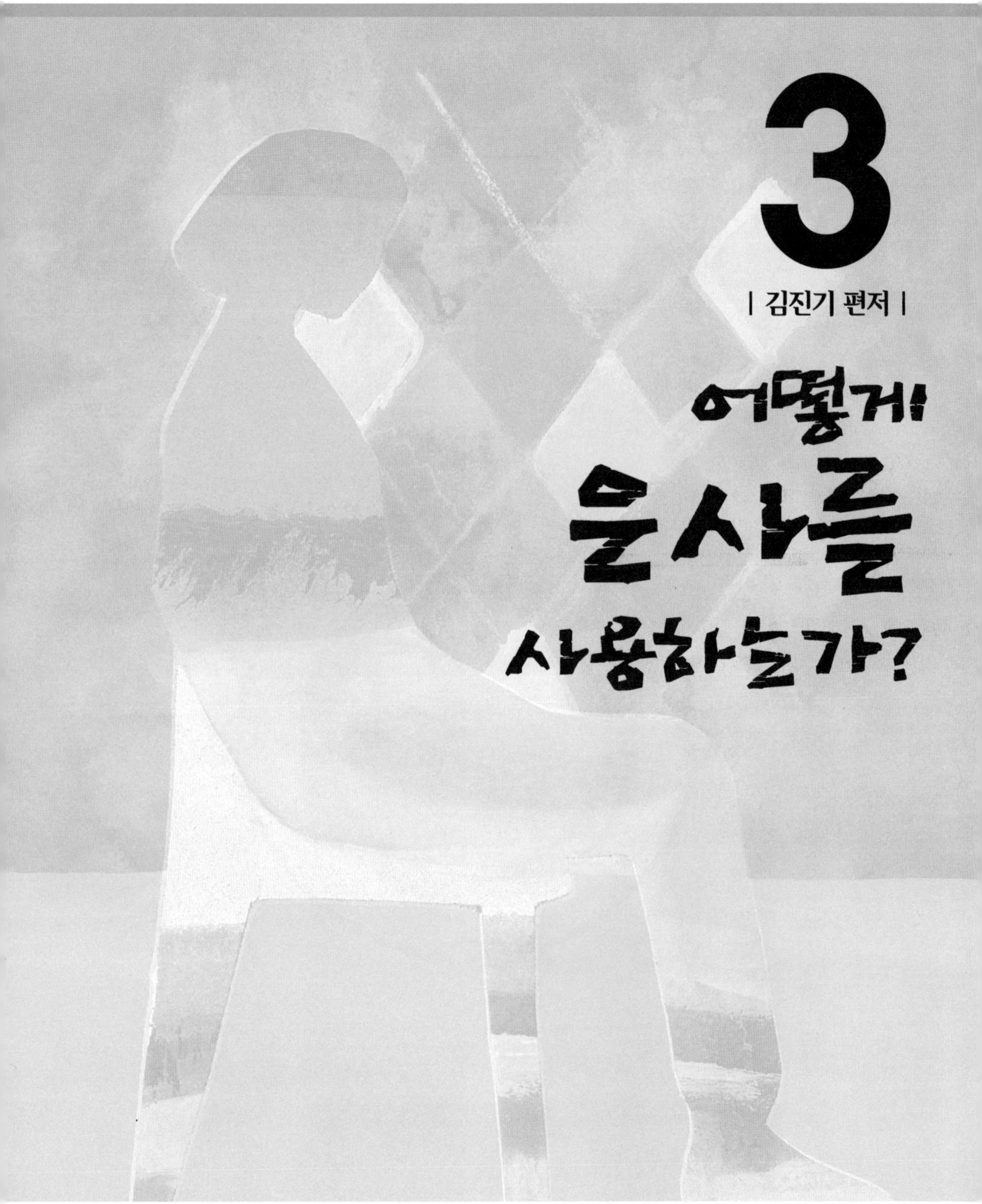

3

| 김진기 편저 |

어떻게 은사를 사용하는가?

쿰란출판사

기독교인의

신앙 성장 과정

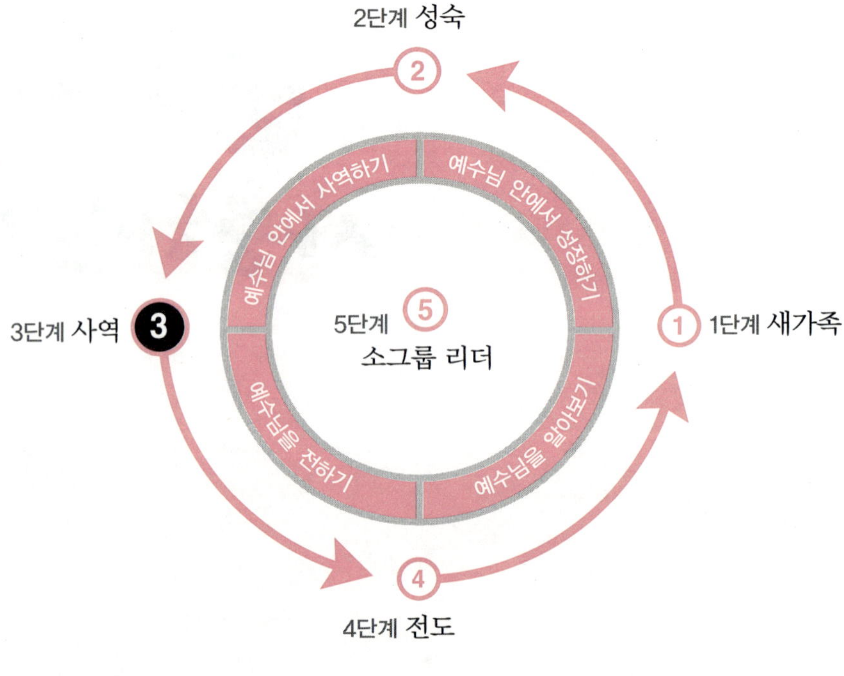

차례

CONTENTS

| 3단계 **사역** |

엡 4:11-12 "그가 혹은 사도로, 혹은 선지자로, 혹은 복음 전하는 자로, 혹은 목사와 교사로 주셨으니, 이는 성도를 온전케 하며 봉사의 일을 하게 하며 그리스도의 몸을 세우려 하심이라."

3단계 과정에 오신 것을 환영합니다

하나님께서는 모든 사람에게 독특한 재능들을 주셨습니다. 이러한 재능은 하나님을 믿든, 믿지 않든 보편적으로 주어진 것입니다. 이 보편적인 재능 외에 하나님은 당신의 자녀들에게 하나님과 교회, 성도들을 섬기기 위해 특별한 능력, 은사를 주십니다. 이 은사를 잘 이해하고 사용하는 것은 그리스도인의 생활과 사역에 있어서 매우 중요합니다. 3단계는 자신의 은사를 발견하고, 소그룹과 교회의 모든 영역에서 은사를 효과적으로 사용하도록 돕기 위해 만들어졌습니다.

3단계를 위한 기초

고린도전서 12:4-7 은사는 여러 가지나 성령은 같고 직임은 여러 가지나 주는 같으며 또 역사는 여러 가지나 모든 것을 모든 사람 가운데서 역사하시는 하나님은 같으니 각 사람에게 성령의 나타남을 주심은 유익하게 하려 하심이라.

에베소서 4:11-12 그가 혹은 사도로, 혹은 선지자로, 혹은 복음 전하는 자로, 혹은 목사와 교사로 주셨으니 이는 성도를 온전케 하며 봉사의 일을 하게 하며 그리스도의 몸을 세우려 하심이라.

3단계를 위한 주요 진리들

1. 불신자들에게는 성령의 은사가 없다(고전 12:27-28).
2. 하나님은 모든 그리스도인들에게 적어도 한 가지 이상의 은사를 주셨다(벧전 4:10).
3. 어느 누구도 모든 은사를 다 가지고 있지는 않다(고전 12:28-30).
4. 우리는 우리 마음대로 원하는 은사를 가질 수 없다(고전 12:7-11).
5. 믿는 자들은 하나님 앞에서 받은 은사 사용에 대한 평가를 받게 된다(벧전 4:10).
6. 은사는 하나님께서 주신 목적을 보여준다(롬 12:2-8).
7. 사랑이 없이는 은사를 바로 사용할 수 없다(고전 13:1-3).
8. 은사는 자신의 유익을 위해 받은 것이 아니다(고전 12:7).
   1) 개인이 하나님을 섬기고, 그분의 뜻을 이루기 위해
   2) 서로를 섬기기 위해
   3) 교회가 하나님의 목적을 이루는 것을 돕기 위해

3단계 목표

그리스도의 제자로서 교회와 성도를 위해 자신의 은사를 사용하여 봉사하며 섬긴다.

1과 우리는 모두 다르다!

하나님은 현재 보이는 모습 그대로 당신을 만드셨습니다.
당신이나 당신의 인생에서 어떤 것도 우연이 아닙니다.
하나님은 그분의 목적을 당신을 통해 이루기 원하십니다.
하나님은 우리에게 다양한 은사를 주십니다.

2과 자신의 S.H.A.P.E. 알기

Spiritual Gifts 영적인 은사
Heart 마음
Abilities 능력
Personality 인격
Experiences 경험

3과 자신의 은사 찾기

영적 은사들
성령의 은사를 찾기 위한 질문
은사를 찾기 위한 질문 점검표

1과

우리는 모두 다르다!

"몸은 한 지체뿐 아니요 여럿이니 만일 발이 이르되 나는 손이 아니니 몸에 붙지 아니하였다 할지라도 이로 인하여 몸에 붙지 아니한 것이 아니요 또 귀가 이르되 나는 눈이 아니니 몸에 붙지 아니하였다 할지라도 이로 인하여 몸에 붙지 아니한 것이 아니요 만일 온몸이 눈이면 듣는 곳은 어디며 온몸이 듣는 곳이면 냄새 맡는 곳은 어디뇨 그러나 이제 하나님이 그 원하시는 대로 지체를 각각 몸에 두셨으니 만일 다 한 지체뿐이면 몸은 어디뇨 이제 지체는 많으나 몸은 하나라 눈이 손더러 내가 너를 쓸데없다 하거나 또한 머리가 발더러 내가 너를 쓸데없다 하거나 하지 못하리라 이뿐 아니라 몸의 더 약하게 보이는 지체가 도리어 요긴하고 우리가 몸의 덜 귀히 여기는 그것들을 더욱 귀한 것들로 입혀 주며 우리의 아름답지 못한 지체는 더욱 아름다운 것을 얻고 우리의 아름다운 지체는 요구할 것이 없으니 오직 하나님이 몸을 고르게 하여 부족한 지체에게 존귀를 더하사 몸 가운데서 분쟁이 없고 오직 여러 지체가 서로 같이 하여 돌아보게 하셨으니"

‖ 고린도전서 12:14-25 ‖

1 하나님은 현재 보이는 모습 그대로 ________________

욥기 10:8 상 주의 손으로 나를 만드사 백체를 이루셨거늘…….

시편 139:13-17 주께서 내 장부를 지으시며 나의 모태에서 나를 조직하셨나이다 내가 주께 감사하옴은 나를 지으심이 신묘막측하심이라 주의 행사가 기이함을 내 영혼이 잘 아나이다 내가 은밀한 데서 지음을 받고 땅의 깊은 곳에서 기이하게 지음을 받은 때에 나의 형체가 주의 앞에 숨기우지 못하였나이다.

하나님은 이 세상을 다양성 속에 조화를 이루도록 창조하셨습니다. 사람을 획일적인 제품처럼 만들지 않으셨습니다. 하나님의 형상으로 만드셔서 개개인이 인격을 소유하고 다양하게 개성대로 살도록 하셨습니다.

창 1:21, 25 하나님이 큰 물고기와 물에서 번성하여 움직이는 모든 생물을 그 종류대로, 날개 있는 모든 새를 그 종류대로 창조하시니 하나님의 보시기에 좋았더라……하나님이 땅의 짐승을 그 종류대로, 육축을 그 종류대로, 땅에 기는 모든 것을 그 종류대로 만드시니 하나님의 보시기에 좋았더라.

창 1:27-28 하나님이 자기 형상 곧 하나님의 형상대로 사람을 창조하시되 남자와 여자를 창조하시고 하나님이 그들에게 복을 주시며 그들에게 이르시되 생육하고 번성하여 땅에 충만하라, 땅을 정

복하라, 바다의 고기와 공중의 새와 땅에 움직이는 모든 생물을 다스리라 하시니라.

2 당신이나 당신의 인생에서 어떤 것도 ______________

성경은 이 세상의 모든 일들이 하나님의 주권 안에서 이루어지고 있다고 말씀합니다.

마 10:29 참새 두 마리가 한 앗사리온에 팔리는 것이 아니냐 그러나 너희 아버지께서 허락지 아니하시면 그 하나라도 땅에 떨어지지 아니하리라.

하나님은 우리의 모든 것을 아십니다.

시 139:3 나의 길과 눕는 것을 감찰하시며 나의 모든 행위를 익히 아시오니.

시편 139:16-17 내 형질이 이루기 전에 주의 눈이 보셨으며 나를 위하여 정한 날이 하나도 되기 전에 주의 책에 다 기록이 되었나이다 하나님이여 주의 생각이 내게 어찌 그리 보배로우신지요 그 수가 어찌 그리 많은지요.

하나님은 우리를 향한 선한 계획을 가지고 계십니다.

갈 1:15 그러나 내 어머니의 태로부터 나를 택정하시고 은혜로 나를 부르신 이가.

딤후 1:9 하나님이 우리를 구원하사 거룩하신 부르심으로 부르심은 우리의 행위대로 하심이 아니요 오직 자기 뜻과 영원한 때 전부터 그리스도 예수 안에서 우리에게 주신 은혜대로 하심이라.

롬 11:29 하나님의 은사와 부르심에는 후회하심이 없느니라.

3 하나님은 그분의 목적을 ______________________

롬 9:17 성경이 바로에게 이르시되 내가 이 일을 위하여 너를 세웠으니 곧 너로 말미암아 내 능력을 보이고 내 이름이 온 땅에 전파되게 하려 함이로라 하셨으니.

벧전 2:9 오직 너희는 택하신 족속이요 왕 같은 제사장들이요 거룩한 나라요 그의 소유된 백성이니 이는 너희를 어두운 데서 불러내어 그의 기이한 빛에 들어가게 하신 자의 아름다운 덕을 선전하게 하려 하심이라.

하나님의 궁극적인 목표는 모든 민족과 열방 사람들이 구원받고 그분을 예배하게 하는 데 있습니다.

계 7:9-10 이 일 후에 내가 보니 각 나라와 족속과 백성과 방언에서 아무라도 능히 셀 수 없는 큰 무리가 흰 옷을 입고 손에 종려 가지를 들고 보좌 앞과 어린 양 앞에 서서 큰 소리로 외쳐 가로되 구원하심이 보좌에 앉으신 우리 하나님과 어린 양에게 있도다 하니.

4 하나님은 우리에게 ________________

고전 12:11 이 모든 일(다양한 은사를 주심)은 같은 한 성령이 행하사 그 뜻대로 각 사람에게 나눠 주시느니라.

그러면 자신의 은사는 어떻게 알 수 있을까요?

하나님께서 자신에게 주신 은사를 찾아가는 데는 다음과 같은 단계가 있습니다.

1_준비 단계

(1) 은사에 대한 성경구절을 공부한다.
(2) 성경의 인물들에 대해 공부한다.
(3) 은사에 대한 책들을 읽는다.
(4) 다른 그리스도인들과 은사에 대해 상담을 받는다.

2_평가 단계

(1) 나의 관심과 재능을 생각한다.
(2) 나의 과거 사역들을 검토해 본다.

3_실험 단계

(1) 주위에 필요한 부분을 살핀다.
(2) 짧은 기간 동안 사역에 참가해 본다.

4_발견 단계

(1) 사역의 효과를 검토해 본다.
(2) 다른 사람들의 반응을 검토해 본다.
(3) 은사의 존재성을 확정한다.

5_개발 단계

(1) 내게 다른 은사들이 있는지 검토해 본다.
(2) 가지고 있는 은사를 사용하고 개발한다.

2과

자신의 S.H.A.P.E. 알기

S.H.A.P.E.란?

Spiritual Gifts	영적인 은사
Heart	마음
Abilities	능력
Personality	성향
Experiences	경험

1 영적인 은사(Spiritual Gifts)

"우리는 단지 천국을 기다리기 위해서가 아니라 섬기기 위해 구원받았다……대부분의 경우 우리는 섬김보다 '섬김을 받는 것' 에 관심이 있습니다. 우리는 '나는 섬길 수 있고 축복이 될 수 있는 곳을 찾고 있습니다' 가 아니라 '나는 나의 필요들을 채워주고 나를 축복해 줄 교회를 찾고 있습니다' 라고 말합니다."

(릭 워렌의 『목적이 이끄는 삶』 중에서)

"형제들아 신령한 것에 대하여는 내가 너희의 알지 못하기를 원치 아니하노니……은사는 여러 가지나 성령은 같고 직임은 여러 가지나 주는 같으며 또 역사는 여러 가지나 모든 것을 모든 사람 가운데서 역사하시는 하나님은 같으니 각 사람에게 성령의 나타남을 주심은 유익하게 하려 하심이라"(고린도전서 12:1, 4-7).

1. 은사의 정의

은사는 모든 믿는 자들에게 하나님의 은혜와 목적을 따라 성령께서 그리스도의 몸을 위해 주신 특별한 능력이다(고전 12:7, 11; 벧전 4:10; 고전 12:18, 28; 엡 4:11; 롬 12:6; 고전 12:27, 14:12; 마 25:14-28).

2. 은사에 대해 알아야 하는 이유

(1) 성경이 명령하였습니다(고전 12:1).

(2) 우리는 은사를 잘 사용하여야 합니다(딤전 4:14).

(3) 하나님께서는 우리가 은사를 사용한 대로 평가하실 것입니다(벧전 4:10; 마 25:14-30).

(4) 우리는 은사를 통해 하나님께서 우리를 향하신 뜻을 깨닫게 됩니다(롬 12:1-2).

① 우리는 봉사를 잘하게 됩니다(롬 12:2, 6).

② 우리는 사역의 방향을 정하게 됩니다.

(5) 우리는 열매를 많이 맺는 사역을 하게 됩니다(요 15:8, 5:10-11).

(6) 교회에 덕이 됩니다.

① 교회 안에 연합이 이루어집니다(엡 4:13).

② 교만이나 잘못된 겸손이 없게 됩니다(고전 12:15-16, 27; 롬

12:3).

③ 그리스도의 몸이 자라게 됩니다(엡 4:11-15).

(7) 하나님께서 영광을 받게 됩니다(벧전 4:11).

3. 은사와 다른 것들

(1) 타고난 재능

타고난 재능	성령의 은사
처음 태어날 때 받음	거듭날 때 받음
개인에게 유익이 됨	그리스도의 몸에 유익이 됨
모든 이들이 받음	믿는 이들만 받음

(2) 성령의 열매

성령의 열매	성령의 은사
신앙의 성장을 보여줌	받은 사역을 보여줌
내적 마음	외적 행동
성품	사역

(3) 영적 훈련

영적 훈련	성령의 은사
하나님과의 관계를 위해 필요	봉사를 위해 필요
개인에게 힘을 줌	교회에 힘을 줌
보편적	특수적

(4) 직책

직 책	성령의 은사
사역에 대한 설명 직함	사역을 위한 기능 직무

2 마음(Heart)

당신이 ____________ 이 무엇입니까? 성경의 가르침을 따라 모든 것을 하십시오.

빌 2:13 너희 안에서 행하시는 이는 하나님이시니 자기의 기쁘신 뜻을 위하여 너희로 소원을 두고 행하게 하시나니.

1. 내가 관심있는 일은?
   - 영상예술(연극, 영화, 연기, 감독, 촬영, 사진, 방송 등)
   - 음악(노래, 편곡, 악기 연주: 피아노, 드럼, 키타, 관악기, 현악기 등)
   - 조직 · 행정/사무
   - 물품관리 · 수리(컴퓨터, 음향, 전기시설 등)
   - 교회 청소
   - 상담/교육

당신이 좋아하는 일을 써 보십시오.

2. 내가 관심있는 사람들은?

- 연령별: 유아, 미취학 아동, 초등학생, 청소년, 대학생, 청년, 중년, 노인 등
- 직업별: 자영업, 전문직, 기술직, 선교사, 목회자 등
- 소외계층: 독거노인, 장애인, 노숙자, 미혼모, 중환자 등
- 상담별: 이혼한 가정, 중독 환자, 중년 부부, 왕따 학생, 목회자 자녀, 선교사 자녀 등

당신이 관심있는 사람들을 써 보십시오.

3 능력(Abilities)

당신은 어떤 ______과 ______을 가지고 있습니까? 특별하지 않아도 됩니다. 자신이 가지고 있는 능력에 따라 교회와 사람들을 섬길 수 있습니다.

출애굽기 31:2-6 내가 유다 지파 훌의 손자요 우리의 아들인 브살렐을 지명하여 부르고 하나님의 신을 그에게 충만하게 하여 지혜와 총명과 지식과 여러 가지 재주로 공교한 일을 연구하여 금과 은과 놋으로 만들게 하며 보석을 깎아 물리며 나무를 새겨서 여러 가지 일을 하게 하고 내가 또 단 지파 아히사막의 아들 오홀리압을 세워 그와 함께하게 하며 무릇 지혜로운 마음이 있는 자에게 내가 지혜를 주어 그들로 내가 네게 명한 것을 다 만들게 할지니.

4 성향(Personality)

하나님께서 당신에게 어떠한 __________을 주셨습니까? 자신의 성향에 맞는 곳에서 자신이 할 수 있는 방식으로 섬기면 됩니다.

[자신의 성향/성격 체크]

외향적인										내향적인
	1	2	3	4	5	4	3	2	1	
사고하는 자										느끼는 자
	1	2	3	4	5	4	3	2	1	
판에 박힌 일										다양한 일
	1	2	3	4	5	4	3	2	1	
자기 절제										자기 표현
	1	2	3	4	5	4	3	2	1	
협동적인										경쟁적인
	1	2	3	4	5	4	3	2	1	

5 경험(Experiences)

"경험은 당신에게 일어나는 것이 아닙니다. 그것은 당신에게 일어나는 것을 가지고 당신이 행하는 것입니다." - 알도스 헉슬레이

경험이란 우리의 인생에서 일어났던 일들을 말합니다. 하나님은 우리의 경험을 소중히 여기십니다. 우리가 좋지 않게 여기는 기억들과 경험도 마찬가지입니다. 하나님은 결코 상처를 지나치시지 않습니다.

고린도후서 1:3-4 찬송하리로다 그는 우리 주 예수 그리스도의 하나님이시요 자비의 아버지시요 모든 위로의 하나님이시며 우리의 모든 환난 중에서 우리를 위로하사 우리로 하여금 하나님께 받는 위로로써 모든 환난 중에 있는 자들을 능히 위로하게 하시는 이시로다.

오직 하나님만이 할 수 있는 방법으로 고통, 어려움들, 모험들, 좋은 일들, 그리고 ______________________까지 가져갈 것이고, 그것을 __________ 것입니다. 우리가 하나님께서 그렇게 하시도록 믿음으로 나아간다면!

로마서 8:28 우리가 알거니와 하나님을 사랑하는 자 곧 그 뜻대로 부르심을 입은 자들에게는 모든 것이 합력하여 선을 이루느니라.

빌립보서 1:12 형제들아 나의 당한 일이 도리어 복음의 진보가 된 줄을 너희가 알기를 원하노라.

3과

자신의 은사 찾기

1 영적 은사들

〈영적 은사들을 다루고 있는 신약 본문들〉
고린도전서 12장, 로마서 12장, 에베소서 4장, 베드로전서 4장

행정	사역 목표를 이루는 방법 속에서 세밀한 것들을 감독하는 능력(고린도전서 12:28)
사도	새로운 교회 개척과 선교 활동을 시작하고 감독하는 능력

(고린도전서 12:28; 에베소서 4:1)

장인(공예) 사역의 목적을 위해 창조적으로 디자인하고 물건들을 조립하는 능력(출애굽기 31:1-7, 28:3-4)

영 분별 동기나 상황들이 하나님으로부터인지 사단으로부터인지에 대해 분별하는 것에 관해 성령님의 암시와 일치되는 능력(고린도전서 12:10; 사도행전 5:3)

전도 예수 그리스도의 복음을 믿지 않는 자들에게 잘 전하여 그들로 예수 그리스도를 영접하게 하는 능력(에베소서 4:11)

믿음 하나님과 그분의 약속에 대해 뛰어난 자신감을 갖는 능력(고린도전서 12:9)

구제 즐겁고 자유롭게 하나님의 일을 위해 자원을 기부하는 능력(로마서 12:8)

치유 기적적으로 사람들을 온전히 회복시키는 것에 하나님께 쓰임 받는 능력(고린도전서 12:9, 28)

도움 다른 사람들의 필요를 채우기 위해 실제적인 일들을 함으로써 그들의 짐을 지는 능력(고린도전서 12:28)

접대 당신의 집에서 다른 사람들이 환영받고 편안하게 느끼게 하는 능력(로마서 12:13; 베드로전서 4:9)

중보 꾸준한 신실함으로 구체적인 필요나 사람들을 위해 기도하는 능력(데살로니가전서 3:10-13)

방언 통변 방언으로 말하는 메시지를 다른 사람들이 알도록 하는 능력(고린도전서 12:10)

지식 영적인 계시나 성경적인 통찰력을 이해하고 다른 사람들에게 주는 능력(고린도전서 12:8)

리더십 하나님의 목적들을 이루기 위해 사람들에게 비전을 선포

하고, 동기부여하고, 방향을 제시하는 능력(로마서 12:8)

자비 특별한 감정을 느끼며 다른 사람들을 감동시키는 자비로운 말이나 행동을 제공하는 능력(로마서 12:8)

기적 초자연적인 행동을 통해 하나님을 입증하는 것에 그분께 쓰임 받는 능력(고린도전서 12:10, 28)

목사/목회 단지 전문적인 성직자를 위한 은사만이 아니라 사람들의 계속적인 영적 성숙을 위해 양육하고, 돌보고, 인도하는 능력(에베소서 4:11)

예언 하나님의 계시가 현재의 상황과 관계가 있을 때 그것을 해석하고 담대하게 선포하는 능력(고린도전서 12:10, 28; 로마서 12:6; 에베소서 4:11)

섬김 다른 사람의 필요를 채우기 위해 자신을 즐거이 내어 놓는 능력(로마서 12:7; 베드로전서 4:11)

가르침 사람들이 이해하고 적용하는 것을 돕는 방식으로 성경을 설명하는 능력(로마서 12:7; 고린도전서 12:28; 에베소서 4:11)

방언 알 수 없는 언어로 하나님에게서 온 계시를 말하고 기도하고 예배하는 능력(고린도전서 12:10, 28)

지혜 구체적인 상황에서 필요를 채우기 위해 영적인 진리를 효과적으로 적용하는 능력(고린도전서 12:8)

창조적인 커뮤니케이션 하나님의 진리를 다양한 예술 형식으로 전달하는 능력(시편 95:1-2)

권위(Encouragement) 당신의 말과 행동을 통해 다른 사람들에게 위로, 격려, 그리고 믿음을 주는 능력(로마서 12:8)

2 성령의 은사를 찾기 위한 질문

다음의 질문들을 읽고 자신에게 맞게 0에서 4로 점수를 뒤에 있는 표에 기록하세요. 다음의 질문들은 자신의 은사를 찾기 위한 것이고 틀린 답은 없습니다.

1. 나는 단계적으로 쓰여진 것을 따르는 것을 잘 합니다.
2. 나는 나와 다른 부류의 사람들이 많이 있는 장소에 잘 적응합니다.
3. 나는 내 손으로 일하는 것을 즐깁니다.
4. 다른 사람은 속여도 나 자신은 속이지 못합니다.
5. 친구들이 우울할 때 나는 그들을 잘 격려합니다.
6. 나는 내 신앙을 다른 사람들과 잘 나눕니다.
7. 나는 다른 사람들에게 하나님을 의지하도록 잘 격려합니다.
8. 나는 경제적으로 어려운 처지에 있는 자들을 위해 나의 물질을 씁니다.
9. 하나님은 나를 정신적, 정서적 위기에 있는 자들을 돕는 데 쓰십니다.
10. 나는 아무도 알아주지 않는 일들을 즐겨 합니다.
11. 나는 요리해서 남들과 함께 먹는 것을 즐겨 합니다.
12. 나는 영적인 것에 대해 읽고 공부하는 것을 즐겨 합니다.
13. 하나님께서는 내게 배우지 않은 언어로 말하게 하십니다.
14. 나는 교회에 출석하지 않는 자들을 교회로 인도해 옵니다.
15. 나는 어려움을 당하는 자들을 잘 격려합니다.
16. 나는 하나님께서 나를 통해 기적을 행한 것을 경험했습니다.
17. 하나님께서는 나의 묵상과 기도 중 그의 뜻을 알려 주십니다.

18. 나는 나에게 주어진 책임을 남이 알든 모르든 주어진 시간 내에 끝을 냅니다.
19. 나는 소그룹 성경공부를 잘 인도합니다.
20. 나는 복잡한 사실을 쉽게 설명할 수 있습니다.
21. 하나님께서는 내가 공부하지 않은 언어를 이해하게 하십니다.
22. 사람들은 나의 조언을 잘 따릅니다.
23. 나는 컴퓨터나 책상에서 일하는 것을 좋아합니다.
24. 나는 교회 개척하는 일 하기를 좋아합니다.
25. 나는 연극이 하나님의 말씀을 전하는 데 중요하게 쓰인다고 생각합니다.
26. 나는 누가 성경을 이야기할 때 사실과 잘못된 부분을 잘 파악합니다.
27. 나는 우울증에 빠진 사람들에게 쪽지를 써서 격려합니다.
28. 나는 처음 만난 사람에게 전도하는 것에 능숙합니다.
29. 나는 성경에 쓰여진 하나님의 약속에 대해 의심하지 않습니다.
30. 나는 돈이 있을 때 나보다 더 필요한 사람들이나 사역에 즐거운 마음으로 바칩니다.
31. 하나님께서는 나로 육체적으로 아픈 사람들을 위해 기도하게 하십니다.
32. 나는 교회 청소를 잘 합니다.
33. 나는 사람들을 집에 초대하는 것을 좋아합니다.
34. 나는 숫자 계산하고 통계 내는 일을 잘 합니다.
35. 나는 배우지 않았던 말로 기도합니다.
36. 교회의 다른 사람들은 저를 지도자/인도자로 봅니다.
37. 나는 어려움을 당하는 나를 금방 알아볼 수 있습니다.
38. 하나님은 내 삶의 이적을 통해 다른 사람을 하나님께 인도하셨습니다.
39. 하나님은 그의 말씀을 나에게 주어 다른 사람을 회개하게 하셨습니다.

40. 나는 항상 다른 사람들을 도울 수 있는 길을 찾습니다.
41. 나는 나의 친구가 영적으로 자라게 도와줍니다.
42. 나는 하나님의 진리를 잘 전합니다.
43. 나는 배우지 않은 언어를 다른 사람이 이해하도록 통역합니다.
44. 어려운 일을 당할 때 나는 하나님이 인도하시는 길을 잘 이해합니다.
45. 나는 나의 할 일에 대해 계획을 세워 정한 기간 내에 끝을 냅니다.
46. 나는 다른 나라에 있는 믿지 않는 자들에게 선교하기를 원합니다.
47. 나는 사역에 필요한 도구들을 만드는 것을 즐겨 합니다.
48. 나는 귀신들의 역사함을 느낄 수 있습니다.
49. 어려움을 당하는 사람들은 자주 나를 통해 힘을 얻습니다.
50. 나는 주님을 모르는 자들에게 전도할 기회를 찾습니다.
51. 나는 주님이 나의 삶 가운데 역사하심을 믿습니다.
52. 하나님께서 내게 물질의 축복을 주셔서 다른 사람들을 위해 쓰도록 하십니다.
53. 나는 아픈 자들을 위해 기도하고 그들이 낫는 것을 자주 봅니다.
54. 나는 교회의 잡일들 돕기를 즐겨 합니다(주보 접기/프린트하기/녹음하기 등).
55. 나는 모르던 사람을 만나는 것을 즐겨 합니다.
56. 나는 새로운 것 배우는 것을 즐겨 합니다.
57. 나는 배우지 않은 언어로 기도하는 것을 즐겨 합니다.
58. 나는 다른 사람들을 동원하여 같이 사역하는 것을 잘 합니다.
59. 나의 친구들은 문제가 있을 때 자주 나에게 옵니다.
60. 나는 하나님께서 오늘날도 기적 행하시는 것을 믿습니다.
61. 나는 자유롭게 하나님께서 내게 알려준 사실들을 다른 사람들에게 전

합니다.

62. 나는 다른 사람에게 혜택이 되는 일들은 주저 않고 행합니다.
63. 다른 사람들은 나를 신앙의 본으로 삼습니다.
64. 나는 하나님의 말씀을 권위있게 전합니다.
65. 누가 방언으로 말할 때 나는 그 뜻을 이해합니다.
66. 하나님께서는 내게 옳은 판단을 할 수 있는 지혜를 주셨습니다.
67. 나에게는 조직력이 있습니다.
68. 나는 선교사가 되기를 원합니다.
69. 나는 새로운 기술을 쉽게 터득합니다.
70. 나는 옳고 그른 것을 쉽게 판단합니다.
71. 나는 다른 사람들을 신뢰하고 그들을 격려합니다.
72. 내가 사람에게 전도하면 많은 이들이 주님을 영접합니다.
73. 나는 하나님이 나와 함께하심을 확신합니다.
74. 나는 십일조 이상을 헌금하여 교회의 사역을 돕습니다.
75. 다른 이들은 내게 다른 사람들의 병을 위해 기도해주기를 부탁합니다.
76. 어떤 일이 끝나지 않은 것을 보며 나는 그 일에 참여해 끝이 나게 도와줍니다.
77. 나를 처음 만난 사람도 나에게 친근감을 가집니다.
78. 나는 여러 가지 정보를 잘 기억합니다.
79. 기도할 때 배운 적이 없는 말이 나옵니다.
80. 많은 사람들이 나를 따릅니다.
81. 나는 어려운 환경에 있는 사람들을 도와주기를 원합니다.
82. 나의 기도와 믿음을 통해 불가능했던 일들이 이루어졌습니다.
83. 하나님께서는 미래에 다른 사람들에게 일어날 일들을 일러 주십니다.
84. 나는 다른 사람들의 필요를 쉽게 파악합니다.

85. 나는 새신자를 도와주기를 바랍니다.
86. 내가 성경의 가르침을 전해 주면 그들은 배운 대로 살고자 노력합니다.
87. 배우지 않은 다른 언어로 말하는 것을 들으면 그 뜻을 알아들을 수 있습니다.
88. 나는 혼동 중에 있는 자들에게 평화를 주며 올바른 길로 인도합니다.

3 은사를 찾기 위한 질문 점검표

다음 칸에 자신의 답을 기록하십시오. 각 줄의 점수를 더한 후 은사의 종류를 나열한 종이에 쓰인 은사의 종류와 비교하여 자신의 은사가 무엇인지 찾아보시기 바랍니다.

점수

0 전혀 적용 안 됨
1 거의 적용 안 됨
2 가끔 적용됨
3 자주 적용됨
4 항상 적용됨

				합계	은사	순위
1	23	45	67		행정	
2	24	46	68		사도	
3	25	47	69		장인	
4	26	48	70		영분별	
5	27	49	71		권위	
6	28	50	72		전도	
7	29	51	73		믿음	
8	30	52	74		구제	
9	31	53	75		치유	
10	32	54	76		도움	
11	33	55	77		대접	
12	34	56	78		지식	
13	35	57	79		방언	
14	36	58	80		리더십	
15	37	59	81		자비	
16	38	60	82		기적	
17	39	61	83		예언	
18	40	62	84		섬김	
19	41	63	85		목사	
20	42	64	86		가르침	
21	43	65	87		방언통변	
22	44	66	88		지혜	

4과

전인적 소그룹에서 자신의 은사들을 사용하기

"많은 책들이 은사 발견 과정을 거꾸로 하고 있습니다. 그들은 '당신의 영적인 은사를 발견하고 나서야 당신이 어떤 사역을 해야 할지 알게 될 것입니다'라고 말합니다. 그러나, 정반대입니다. 그냥 다른 사역들을 실험하면서 섬기는 것을 시작하면 당신은 당신의 은사들을 발견할 것입니다."

‖ 릭 워렌의 『목적이 이끄는 삶』 중에서 ‖

1 은사들을 교회 공동체에 사용하는 법

1. ______________________ 일들을 자원하여 하기

2. 교회의 ______________________ 직접 해 보기

3. ______________________ 반응하기

4. '______________________'라고 기꺼이 생각하기

2 은사를 사용할 때 나타나는 특성들

온전케 하는 은사들 EQUIPPING GIFTS	핵심 단어 KEY WORDS	주 관심사 DESIRES	인도의 도구 LEADS BY
목사/목회	목자	돌봄과 보호	사람들에 대한 민감성
리더십	조직가	방향 제시	비전/팀에 대한 감각
권면	격려자	동기부여	영감/실제적인 적용
전도	영혼을 구하는 자	새로운 그리스도인	강한 확신
사도	기초를 세우는 자	새로운 교회	하나님이 주신 권위
가르침	교리를 발전시키는 자	가르치기	성경적인 사실들
지혜	이해	지식의 적용	하나님이 주신 통찰력

섬김의 은사들 SERVING GIFTS	핵심 단어 KEY WORDS	주 관심사 DESIRES	섬김의 도구 SERVES BY
도움	도와주기(assisting)	은사를 사용해 다른 사람들을 자유롭게 하기	돕기
행정	계획자	조직과 체계	세부항목을 정리,제공
섬김	필요 측정	어디서든 어떻게든 돕는 것	실제적인 지원
믿음	하나님이 주신 확신	믿음으로 시작하기	흔들리지 않는 확신
자비	위로자	긍휼을 보여주기	친절
구제	자유롭게 베풂	나누어 쓰기	나눔

기도와 예배 은사들 PRAY WORSHIP GIFTS	핵심 단어 KEY WORDS	주 관심사 DESIRES	섬김의 도구 SERVES BY
지식	영적인 통찰력	하나님이 주시는 메시지 전달	영적인 깨달음
방언	알 수 없는 말들	하나님을 위한 예배 사역, 개인적인 교화 또는 믿지 않는 자들을 위한 표적	다른 언어
방언 통변	방언의 대변자	교회를 교화하기	통역
기적	산을 움직이는 자	하나님의 능력을 나타내기	초자연적인 이적
치유(신유)	병 고침	하나님의 능력을 나타내기	초자연적인 치유
영 분별	영적인 의향	선악의 구별	영적인 분석

다른 기능의 은사들 OTHER POSSIBLE GIFTS	핵심 단어 KEY WORDS	주 관심사 DESIRES	섬김의 도구 SERVES BY
독신	만족스러운 독신	자유롭게 섬기기	독신으로 남기
접대	하나님을 위한 접대	집을 개방하기	개방
선교사	타문화	종족들을 섬기기	자신의 문화를 떠나기
중보기도	기도의 용사	중보기도	기도하기
축귀	악에서 구원함	축귀	귀신을 쫓아내기
자발적인 가난	모든 것을 줌	가난한 자들과의 동일시	단순한 생활양식
순교	순교자	그리스도를 위해 죽음	죽음

5과

교회에서 자신의 은사들을 더 넓게 사용하기

1 사역의 정의

하나님, 그분의 목적들, 그리고 다른 사람들의 필요를 섬기기 위해 ____________________ 사용하는 것입니다.

2 사역의 우선순위

1. 나는 사역을 위해 ______________ .

에베소서 2:10 우리는 그의 만드신 바라 그리스도 예수 안에서 선한 일을 위하여 지으심을 받은 자니 이 일은 하나님이 전에 예비하사 우리로 그 가운데서 행하게 하려 하심이니라.

2. 나는 사역을 위해 ______________ .

디모데후서 1:9 하나님이 우리를 구원하사 거룩하신 부르심으로 부르심은 우리의 행위대로 하심이 아니요 오직 자기 뜻과 영원한 때 전부터 그리스도 예수 안에서 우리에게 주신 은혜대로 하심이라.

3. 나는 사역으로 ______________ .

갈라디아서 1:15 그러나 내 어머니의 태로부터 나를 택정하시고 은혜로 나를 부르신 이가.

4. 나는 사역을 위해 ______________ .

베드로전서 4:10 각각 은사를 받은 대로 하나님의 각양 은혜를 맡은 선한 청지기같이 서로 봉사하라.

5. 나는 사역을 위해 ____________________.

마태복음 28:18-19 예수께서 나아와 일러 가라사대 하늘과 땅의 모든 권세를 내게 주셨으니 그러므로 너희는 가서 모든 족속으로 제자를 삼아 아버지와 아들과 성령의 이름으로 세례를 주고.

6. 나는 사역을 하도록 ____________________.

마태복음 20:26-28 너희 중에는 그렇지 아니하니 너희 중에 누구든지 크고자 하는 자는 너희를 섬기는 자가 되고 너희 중에 누구든지 으뜸이 되고자 하는 자는 너희의 종이 되어야 하리라 인자가 온 것은 섬김을 받으려 함이 아니라 도리어 섬기려 하고 자기 목숨을 많은 사람의 대속물로 주려 함이니라.

7. 나는 사역을 위해 ____________________.

사도행전 1:8 오직 성령이 너희에게 임하시면 너희가 권능을 받고 예루살렘과 온 유대와 사마리아와 땅 끝까지 이르러 내 증인이 되리라 하시니라.

8. 나는 사역을 위해 ____________________.

에베소서 4:11-13 그가 혹은 사도로, 혹은 선지자로, 혹은 복음 전하는 자로, 혹은 목사와 교사로 주셨으니 이는 성도를 온전케 하며 봉사의 일을 하게 하며 그리스도의 몸을 세우려 하심이라 우리가 다 하나님의 아들을 믿는 것과 아는 일에 하나가 되어 온전한 사람을 이루어 그리스도의 장성한 분량이 충만한 데까지 이르리니.

9. 나는 사역을 해야 할 ______________.

고린도전서 12:17 만일 온몸이 눈이면 듣는 곳은 어디며 온몸이 듣는 곳이면 냄새 맡는 곳은 어디뇨.

10. 나는 사역에 ______________.

로마서 14:12 이러므로 우리 각인이 자기 일을 하나님께 직고하리라.

11. 나는 나의 사역에 대해 ______________.

골로새서 3:23-24 무슨 일을 하든지 마음을 다하여 주께 하듯 하고 사람에게 하듯 하지 말라 이는 유업의 상을 주께 받을 줄 앎이니 너희는 주 그리스도를 섬기느니라.

행동 포인트

1 행동

여러분이 아직 하나의 전인적 소그룹에 참여하고 있지 않다면 참여하십시오.

2 행동

하나님과 교회의 비전을 함께 품으십시오.
하나님은 우리가 보다 넓은 지역에서 교회에 다니지 않는 사람들에게 다가가고 그들이 전인적 소그룹 운동을 통해 예수 그리스도께 온전히 헌신된 제자들로 변화되는 일에 함께하기를 원합니다. 이것을 이루기 위해 우리 모두가 필요합니다.

3 행동

여러분이 관심있는 교회의 사역에 참여하십시오.

4 행동

여러분이 참여하는 소그룹과 교회 사역에서 자신의 은사와 능력을 사용하십시오.

교회에 참여하는 성도들의

다섯 가지 G

교회의 책임감 있는 성도로서 나는 다음의 것들에 헌신합니다.

1. 은혜(Grace)
   - 은혜를 기초로 예수 그리스도와 관계 맺기
   - 나의 삶을 하나님과 그분의 다스리심에 내어 드리기

2. 성장(Growth)
   - 하나님과의 지속적인 시간갖기
     - 기도
     - 성경 공부

3. 모임(Group)
   - 전인적 소그룹에 적극적으로 참여하기

4. 은사들(Gifts)
   - 사역에 참여하기

5. 좋은 청지기(Good Stewardship)
   - 최소한의 십일조를 성경적으로 드리기

이름 ____________________ 날짜 ____________________

[교회 성장 시스템]

1단계(새가족) : 우리는 무엇을 믿는가?

↓ 예수님 안에서 성장하기

2단계(성숙) : 어떻게 믿음이 성장하는가?
(성경 공부와 기도 습관 만들기)

↓ 예수님 안에서 사역하기

3단계(사역) : 어떻게 은사를 사용하는가?

↓ 예수님을 전하기

4단계(전도) : 어떻게 믿음을 쉽게 나눌 수 있는가?
(전도를 삶의 부분으로 만들기)

↓ 예수님의 제자 삼기

5단계(소그룹 리더) : 소그룹 리더십을 어떻게 개발하는가?

4단계로 가십시오!

4단계(전도) : 어떻게 믿음을 쉽게 나눌 수 있는가?
(전도를 삶의 한 부분으로 만들기)

해답

| 1과 우리는 모두 다르다! |

1. 당신을 만드셨습니다.(10p)
2. 우연이 아닙니다.(11p)
3. 당신을 통해 이루시기 원하십니다.(12p)
4. 다양한 은사를 주십니다(13p)

| 2과 자신의 S.H.A.P.E. 알기 |

1. Spiritual Gifts 영적인 은사
2. Heart 마음
   하고 싶은 것(18p)
3. Abilities 능력
   재능들, 기술들(20p)
4. Personality 인격
   개성(20p)
5. Experiences 경험
   우리의 죄와 우리를 대적하는 죄들, 사용하실(22p)

| 3과 자신의 은사 찾기 |

1. 영적 은사들
2. 성령의 은사를 찾기 위한 질문
3. 은사를 찾기 위한 질문의 점검표

해답

| 4과 전인적 소그룹에서 자신의 은사들을 사용하기 |

1. 은사들을 교회 공동체에 사용하는 법
   여러분에게 자연스럽게 오는(32p)
   필요를 알게 될 때(32p)
   하나님이 여러분을 지도하는 것을 듣고(32p)
   나는 그것을 할 수 있어(32p)
2. 은사를 사용할 때 나타나는 특성들

| 5과 교회에서 자신의 은사들을 더 넓게 사용하기 |

1. 사역의 정의
   하나님께서 나에게 주신 어떤 것이든(35p)
2. 사역의 우선순위
   1. 지음 받았다(36p)
   2. 구원받았다(36p)
   3. 부름받았다(36p)
   4. 재능을 부여받았다(36p)
   5. 권위를 부여받았다(37p)
   6. 명령받았다(37p)
   7. 능력을 받았다(37p)
   8. 준비되어야 한다(37p)
   9. 필요가 있다(39p)
   10. 책임이 있다(39p)
   11. 상급을 받을 것이다(39p)

김진기 목사 Steve Kim

- 미주에서 다년간 이민 목회를 해온 1.5세 사역자
- 일리노이 주립대학교 졸업
- Trinity Evangelical Divinity School(M.DiV. 및 Th.M. 실천신학 전공)
- 현 미니스트리 디렉 대표
- 현 남태평양선교회 회장
- 저서 _ 메가 교회를 통하면 교회성장 꼭 이루어진다
- 편저 _ 가족에서 소그룹 리더까지 양육 교재 1-5단계
- 역서 _ 명설교 컨설팅, 산을 옮기는 물고기

어떻게 은사를 사용하는가? (3)

2006년 12월 5일 인쇄
2006년 12월 15일 발행

편저자 | 김진기
발행인 | 이형규
발행처 | 쿰란출판사

주소 | 서울 종로구 이화동 184-3
TEL | 02-745-1007, 745-1301, 747-1212, 743-1300
영업부 | 02-747-1004, FAX / 02-745-8490
본사평생전화번호 | 0502-756-1004
홈페이지 | http://www.qumran.co.kr
E-mail | qumran@hitel.net
qumran@paran.com
한글인터넷주소 | 쿰란, 쿰란출판사
등록 | 제1~670호(1988.2.27)
책임교열 | 오완

값 3,000원
ISBN 89-5922-281-X 94230
89-5922-278-X (세트)